Friedl Brunckhorst

Maulbronn
Zisterzienserabtei
Klosterschule
Kulturdenkmal

Herausgeber
Oberfinanzdirektion Karlsruhe
Staatliche Schlösser und Gärten

K. F. Schimper-Verlag, Schwetzingen

Titelfoto: Stiftertafel von 1450,
Klostermuseum Maulbronn

Museumsgestaltung: design... und mehr, Stuttgart

Bibliografische Information der Deutschen Bibliothek

D-68723 Schwetzingen, 2002

2. unveränderte Auflage

ISBN 3-87742-171-7

Text: Friedl Brunckhorst

Gestaltung: Jochen Pressler

Bildnachweis: Badisches Landesmuseum (2); Braith-Mali-Museum, Biberach (1); Deutsches Nationalarchiv, Marbach (6); design... und mehr, Stuttgart (4); Ephorat Maulbronn (1); Germanisches Nationalmuseum, Nürnberg (1); Hauptstaatsarchiv, Stuttgart (4); Peter Knoch, Heidelberg (1); Landesbildstelle Baden, Steffen Hauswirth (9); Landesamt für Denkmalpflege Rheinland-Pfalz (1); Landesdenkmalamt Baden-Württemberg, Außenstelle Karlsruhe, Rose Haidu, Bernd Hausner (4); Landeskirchliches Museum, Ludwigsburg (1); Lauros-Giraudon, Vanves (1); Markgräflich Badische Museen, Schloß Salem (1); Narodni Muzeum, Prag, Knihovna (1), Oberfinanzdirektion Karlsruhe (4); Jochen Pressler (1); Staatliche Kunstsammlungen, Dresden (1); Staatsanzeiger Baden-Württemberg GmbH (1); TU Karlsruhe, Institut für Bauforschung (2); Stadtarchiv Maulbronn (1); Württembergische Landesbibliothek, Stuttgart (1); Württembergisches Landesmuseum (1).

Repros: Schwetzinger Reprotechnik

Satz: Grafikbüro Werner Jäke, St. Leon-Rot

Druck: Druckerei Weinmann, Hockenheim

Inhalt

Grundriß der Klausur

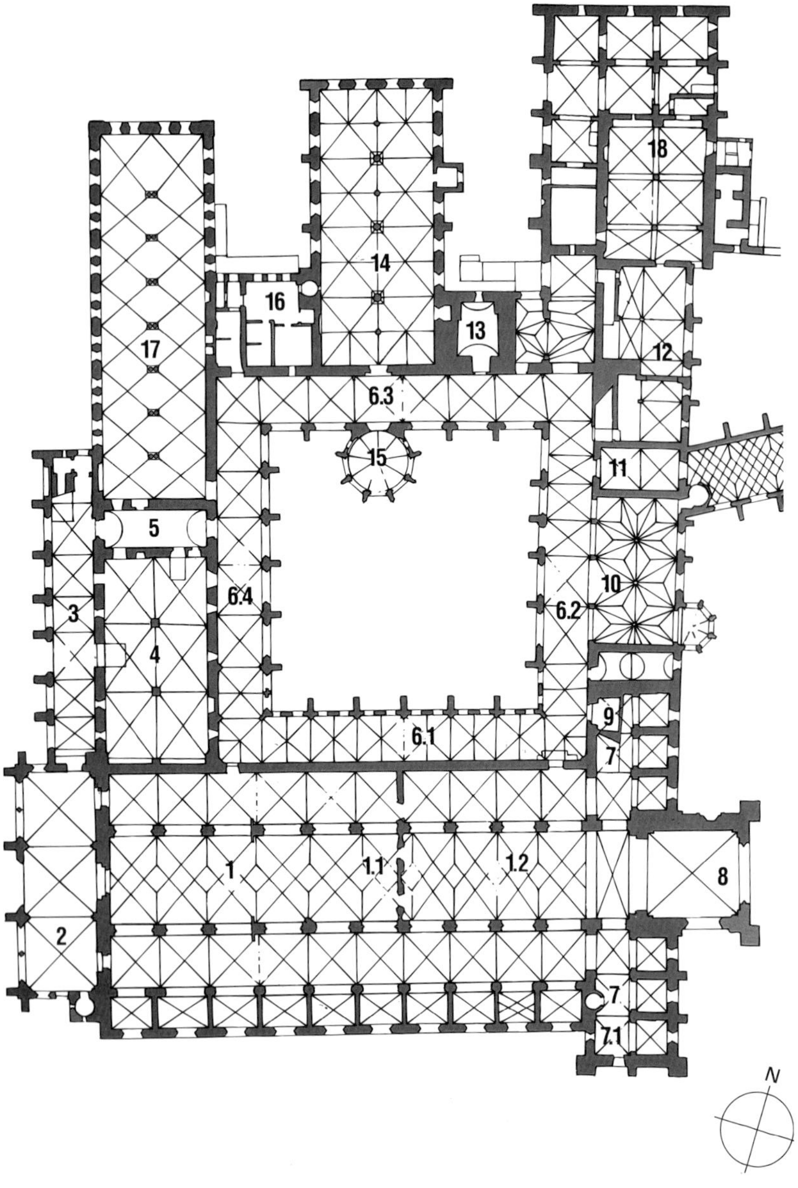

1 Klosterkirche
1.1 Chorschranke
1.2 Chorgestühl der Mönche
2 Paradies
3 Arkadengang
4 Cellarium (Vorratskeller)
5 Ern
6.1 südlicher Kreuzgangflügel
6.2 östlicher Kreuzgangflügel
6.3 nördlicher Kreuzgangflügel
6.4 westlicher Kreuzgangflügel
7 Querhaus
7.1 Pforte zum Friedhof
8 Chor
9 Armarium
10 Kapitelsaal
11 Ern
12 Frateria (Bruderhalle)
13 Kalefaktorium (Wärmestube)
14 Herrenrefektorium (-speisesaal)
15 Brunnenhaus
16 abgebrochene Klosterküche
17 Laienrefektorium (-speisesaal)
18 großer Keller

Klausur

Die Zisterzienser besaßen auf Grund ihres streng geregelten Lebens eine allgemein verbindliche Raumaufteilung innerhalb der Klausur, des ausschließlich den Mönchen oder Nonnen vorbehaltenen Bereiches.
Mittelpunkt der Klausur war der Kreuzgang; an ihn grenzten alle wichtigen Räumlichkeiten an: Kirche, Kapitelsaal, Arbeitsraum, Wärmestube, Brunnenhaus und Speisesaal. Die Schlafsäle lagen im Obergeschoß. Der Kreuzgang diente als Verbindungsweg zwischen Kirche und Gemeinschaftsräumen, in seiner Abgeschiedenheit aber auch der inneren Sammlung der Mönche und als Grablege.

Südlicher Kreuzgangflügel (Kollatsgang), um 1210/20, Spuren einer Rötelmalerei aus dem 16. Jahrhundert

Der an das Kirchenschiff angrenzende Südflügel des Kreuzgangs besaß eine Steinbank, auf der die Mönche die Abendlesung (Kollat) hörten, und heißt daher Lese- oder Kollatsgang. Auf liturgische Fußwaschungen, die hier stattfanden, verweisen zwei Wasserausgussbecken auf der Fensterseite. Dieser Südflügel wurde um 1210/20 errichtet.

An den um 1300/1310 eingewölbten Westfügel des Kreuzgangs grenzt das Cellarium, ein Vorratsraum (heute Lapidarium), und der den Laienbrüdern vorbehaltene Bereich: im Erdgeschoß das Laienrefektorium (-speisesaal); im Obergeschoß lag das Laiendormitorium (-schlafsaal), dessen südlicher Teil zwischen 1512 und 1518 zum Winterspeisesaal der Mönche umgebaut wurde und heute als Winterkirche dient; der nördliche, zwischen 1893-96 neu aufgestockte Teil wird heute vom evangelisch-theologischen Seminar genutzt.

Westlicher Kreuzgangflügel; rechts Stabwerkportal, um 1515 als Zugang der Mönche zu ihrem neuen Winterspeisesaal eingebrochen; links romanisches Portal zum Ern

Am Nord- und Ostflügel des Kreuzgangs liegen die Gemeinschaftsräume der Mönche, wie Speise- oder Kapitelsaal. Das Maulbronner Herrenrefektorium ist einer der prächtigsten Mönchsspeisesäle des 13. Jahrhunderts. Die Zisterzienser führten die freie Stellung des

Herrenrefektorium, Speisesaal der Mönche, um 1220; sieben hohe Rundpfeiler mit Schaftringen tragen das frühgotische sechsteilige Gewölbe

Blick aus dem Kapitelsaal zum Kreuzgang; Umfassungsmauern des Saales bis zum Gewölbeansatz zwischen 1270 und 1300, um 1320 Einwölbung mit einem Dreistrahlgewölbe, Rippen gekehlt

Eßsaales im rechten Winkel statt parallel zum Kreuzgang ein, was zu einer monumentalen Gestaltung geradezu herausforderte.

Am Ostflügel des Kreuzgangs liegt der Kapitelsaal, der nach der Kirche zweitwichtigste Raum im Kloster; in ihm versammelten sich die Mönche täglich zur Lesung eines Kapitels aus den Ordensstatuten und zur Besprechung äußerer und innerer Angelegenheiten der Abtei. Der zwischen 1270 und 1300 nahezu vollständig neu aufgeführte Osttrakt beherbergt außerdem die Frateria, die Bruderhalle, mit der sog. Geißelkammer, die vermutlich als Studier- und Arbeitsraum genutzt wurden. Das Obergeschoß wurde vom Mönchsschlafsaal eingenommen und dient inzwischen, nach verschiedenen Umbaumaßnahmen, den Zwecken des Seminars.

Am Nordflügel des Kreuzgangs, der um 1350 gewölbt wurde, liegen das Kalefaktorium (Wärmestube), das Herrenrefektorium und gegenüber das Brunnenhaus; zwischen den Speisesälen lag die Küche, deren Durchreichen heute noch in den beiden ehem. Speisesälen erkennbar sind. Das Herrenrefektorium von etwa 1220 wahrt in seiner strengen Schönheit und dem Verzicht auf figürlichen Schmuck zwar die Ordensstatuten, ist jedoch mit seiner herausragenden Steinmetzarbeit und seinen Dimensionen eher einer Königshalle würdig. Der Aufwand des Saales drückt nicht nur das Selbstverständnis der Mönche aus, sondern läßt sich auch als eine Überhöhung des Essens mit Lesungen aus hl. Schriften im Sinne eines religiösen Aktes (Abendmahl) interpretieren.

Im Brunnenhaus, das um 1220 bis in Brüstungshöhe hochgeführt und um 1340/50 gewölbt wurde, konnten sich die Mönche waschen und ihre Tonsur scheren lassen.

Klosterkirche (1147 - 1178)

Die dreischiffige romanische Kirche diente ausschließlich klösterlichen Zwecken. Weltliche hatten, zumindest in den Anfangszeiten, keinen Zutritt. Mönche und Laienbrüder waren durch eine Chorschranke räumlich, aber nicht akustisch getrennt; sie betraten die Kirche durch jeweils eigene Portale: die Mönche über den Kreuzgang oder vom Schlafsaal aus, die Laienbrüder über die Kirchenvorhalle. Während den Laienbrüdern der westliche Teil der Kirche vorbehalten war, saßen die Mönche im vornehmeren östlichen Bereich. Die Kirche ist, wie alle Zisterzienserkirchen, der Ordenspatronin Maria geweiht.

Die schlichte, aber wohlproportionierte Architektur spiegelt das Ordensideal der Armut wider. So wurde am Außenbau auf steinerne Türme verzichtet, im Innern auf figürlichen Schmuck. Spätere Ein- und Umbauten höhlten dieses Gebot jedoch aus: In der 2. Hälfte des 14. Jahrhunderts wurden riesige Maßwerkfenster mit figürlichen Szenen im Altarraum eingebrochen, um 1424 ein Netzgewölbe statt der ursprünglichen Flachdecke eingezogen und das südliche Seitenschiff durch Kapellen erweitert.

‚Paradies' (um 1220)
Entgegen dem zisterziensischen Schlichtheitsgebot steht vor der Westfassade der Kirche eine reich gegliederte Vorhalle, das ‚Paradies'. Ihr Architekt, der sog. Paradiesmeister aus Burgund, führte damit um 1220 frühgotisches Formengut am Oberrhein ein. Von der spätgotischen Malerei in den Gewölbefeldern - darunter die ‚Maulbronner Fuge' -, die Justinus Kerner in seinem ‚Bilderbuch aus meiner Knabenzeit' (1849) beschrieben hat, haben sich heute nur noch Reste erhalten.

Hauptschiff der Klosterkirche von Westen; in der Mitte die Chorschranke, ganz im Osten das Maßwerkfenster aus der zweiten Hälfte des 14. Jahrhunderts

‚Paradies', Vorhalle der Kirche, südwestliche Ecke, mit verschieden hohen Diensten (stabförmige Wand- und Pfeilervorlagen), um 1220

Zur Ausstattung der Zisterzienserkirche

„Wir verbieten Skulpturen oder Bilder in unseren Kirchen oder anderen Räumen des Klosters... Wir haben jedoch bemalte Kreuze aus Holz... Die Glasfenster sollen weiß und ... ohne Bilder sein...“ (Capitula XX, 1134). Auch wenn Schlichtheit zu den Grundregeln des Zisterzienserordens gehörte, wich die Ausstattungspraxis schon bald von den Vorschriften ab: Altargemälde, skulptierte Kruzifixe oder farbig bemalte Glasfenster waren seit der Mitte des 12. Jahrhunderts in vielen Klöstern üblich. Daher beschränkte sich eine Neuregelung von 1231 nur noch auf das Verbot von *„Neumodischem und Überflüssigem auf Gemälden und an Skulpturen...“* (Statuten, 1231).

Altäre, Kruzifixe, liturgisches Gerät wie Kelch oder Leuchter, liturgische Bücher und Gewänder gehörten zur grundlegenden Ausstattung auch der Zisterzienserkirchen. Besonders charakteristisch für die Ordenskirchen war die Chorschranke, eine Trennwand zwischen Mönchs- und Laienchor.

Bronzekruzifix, Bodenfund aus Maulbronn, 2. Viertel 12. Jahrhundert, seit 1898 im Württembergischen Landesmuseum Stuttgart

Das Kreuz war ein wesentlicher Bestandteil zisterziensischer Liturgie, die stark christologisch geprägt war, und sollte ausschließlicher Schmuck des Altars sein. Statt des schlichten Holzes wurden aber zunehmend auch kostbarere Materialien verwendet, so daß

Das Antiphonar, in dem die gesungenen Teile des Stundengebets enthalten sind, gehört zur Grundausstattung eines Klosters. Das abgebildete, mit figürlichen Initialen ausgestattete Exemplar wurde in Maulbronn für die Cistercienserinnen-Abtei Lichtenthal gefertigt und 1249 vollendet; fol. 21: Darbringung im Tempel, Federzeichnung, Pergament, Abtei Lichtenthal Baden-Baden

1157 große Kreuze mit Gold *(„cum auro“)*, 1158 solche mit Silber verboten werden mußten.

Nachdem sich die Forderungen nach Bilderlosigkeit und einfachen Materialien auch trotz Strafandrohungen nicht mehr durchsetzen ließen, verzichtete das Generalkapitel, die jährlich tagende Vollversammlung aller Zisterzienseräbte in Cîteaux, um 1335 schließlich auf weitere Erlasse zur Regulierung der Ausstattungspraxis in den Abteien.

Von der Zisterzienser-Ausstattung der Maulbronner Kirche haben sich nur noch Reste erhalten. Leicht bewegliche Gegenstände wie Kelche, Leuchter, Altarbilder oder Meß- und Gebetbücher sind verschollen, eingeschmolzen oder in alle Winde zerstreut. Die Besetzung der Abtei im Bauernkrieg 1525, die Übersiedelung des Konvents in das Elsaß nach 1536 und die veränderte Nutzung der Abtei als evangelische Klosterschule seit der Reformation, oft aber auch Unkenntnis des Wertes mittelalterlicher Kunstgegenstände trugen zur Dezimierung der beweglichen Ausstattung, selbst noch in jüngerer Zeit, bei.

Wirtschaftsgebäude

Zur Sicherung der klösterlichen Eigenständigkeit besaß die Klosteranlage neben Lagerhäusern und Stallungen eigene Werkstätten, die von Laienbrüdern betrieben wurden. Eine Mühle mit Pfisterei (Bäckerei) und Mehllager, eine Schmiede, Wagnerei, Küferei und ein *„bandthauß"* im Fruchtkasten zur Herstellung von Metall- und Weidenrutenbändern für Fässer u.ä. lassen sich im westlichen Areal des ummauerten Klosterbezirks lokalisieren. Speicherbauten verteilten sich über die gesamte Klosteranlage.

Da sich die Nutzungsweisen der Ökonomiegebäude im Laufe der Jahrhunderte stark veränderten, wurden sie öfters umgebaut. Das ‚Große Heuhaus', das als Querriegel zwischen Fruchtkasten und ehem. Bursarium (später Kameralamt) stand, wurde um 1770 abgerissen. Die Bauten der Küferei (heute Infozentrum und Klostermuseum), des Fruchtkastens, der Mühle, Schmiede und Wagnerei gehen ins 13. Jahrhundert zurück.

Der Fruchtkasten, der beherrschende Bau der Klosteranlage, diente zur Klosterzeit nicht nur als Speichergebäude und Kelterei, sondern wohl auch als Werkstätte für feuergefährliches Handwerk. Die zugemauerten frühgotischen Fenster an der Nord-, Süd- und Ostfassade weisen darauf hin, daß er bereits um 1230 die heutigen Dimensionen besaß, allerdings ein Geschoß niedriger war. Nach einer wechselvollen Bau- und Nutzungsgeschichte wurde er 1580/81 zum herzoglichen Fruchtkasten umgebaut und aufgestockt. Der Einbau einer Turn- bzw. Festhalle 1869 und weitere Umbauten 1936 griffen im Innern einschneidend in die historische Bausubstanz ein. Der stattliche Bau des Fruchtkastens legt jedoch noch immer ein beredtes Zeugnis für Wohlstand in klösterlicher wie herzoglicher Zeit ab.

1 Weingartmeisterei
2 Fruchtkasten
3 Küferei
4 Wagnerei
5 Schmiede
6 Speichergebäude
7 Melkstall und Eichelboden
8 Mühle und Pfisterei (Bäckerei)
9 Wohnung des Pfistermeisters
10 Haberkasten
11 Marstall
12 Bursarium (Kameralamt)
13 Gesindehaus
14 Speisemeisterei
15 Klosterkirche
16 Klausur

Wehranlage

Eine trutzig wirkende Wehranlage umgab das Kloster zum Schutz vor äußeren Feinden, diente aber auch der Abgeschiedenheit der Mönche. Ein erster Mauerring wurde im Laufe mehrerer Jahrhunderte durch einen Graben mit Vormauer, durch Wehrtürme und eine Toranlage mit *„auffzugsbrück"* verstärkt. Dabei gaben die Enge des Salzachtals und bereits vorhandene Bauten wie der Fruchtkasten oder die ehem. Vogtei (‚Apotheke‘) die Fluchten der Klosterbefestigung vor. Ab dem 15. Jahrhundert besaß Maulbronn als Eckpfeiler des pfälzischen, später dann des württembergischen Territoriums neben seiner geistlichen und wirtschaftlichen auch militärische Bedeutung.

Eine erste Einfriedung von etwa 1250 wurde vermutlich im 14. Jahrhundert auf der Westflanke hinausgeschoben und das ‚innere‘ Tor durch ein äußeres, das heutige Klostertor, mit Zugbrücke erweitert. Auf der inneren Mauerkrone saß ein Wehrgang, der sich nur in Teilstücken erhalten hat. Die Buckelquaderung der Mauern, ein Stilmerkmal staufischer Baukunst, ist hier in ihrer abweisend wehrhaften Wirkung auch in späterer Zeit eingesetzt.

Noch rätselhaft in ihrer Funktion ist die mittelalterliche Befestigungsmauer im Klosterhof zwischen Mühlturm und Fruchtkasten. Sie hat sich heute nur noch in einem Mauerrest zwischen ehem. Gesindehaus und Kameralamt erhalten.

Im 15. Jahrhundert ließen die Pfalzgrafen bei Rhein als Schirmherren das Kloster zur Festung ausbauen, nachdem auch die Württemberger begonnen hatten, begehrliche Blicke auf das reiche Kloster zu werfen.

Teile einer zweiten äußeren Umfriedung, die die Klosterweinberge, Felder und Wiesen im Norden und Südosten umschloß, stammen aus nachklösterlicher Zeit und sind nur auf Bildern und Karten des 17. und 18. Jahrhunderts überliefert.

Im 18. Jahrhundert wurde die Befestigungsmauer zwischen Mühlturm und Fruchtkasten *„zur Verbesserung der Funktionalität"* beseitigt und die Höhe des Mauerrings wegen der schlechten Lichtverhältnisse teilweise reduziert, 1814 wurde der innere Torturm im Westen zusammen mit der Pforten- oder Frühmeßkapelle abgebrochen und wenig später auf der Südflanke ein Teil der Wehranlage für eine weitere Zufahrt in den Klosterhof auf Höhe der Kirche entfernt.

Samuel Schmalkalder, „Plan de Maulbronn" mit Befestigungsanlage, 1689, Generallandesarchiv Karlsruhe

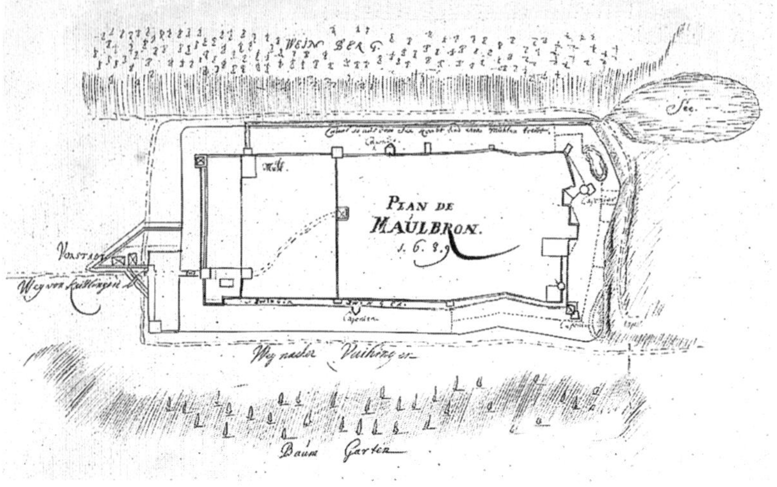

Die Zisterzienser

Cîteaux, das Stammkloster des Ordens, Radierung, frühes 18. Jahrhundert

Der Zisterzienser-Orden ist der bedeutendste Reformversuch klösterlichen Lebens um 1100. Weltabgeschiedenheit, ein Leben in Armut, Gebet und Handarbeit sowie die Ablehnung von Einkünften aus Feudalbesitz waren grundlegende Ideale. Unter Bernhard von Clairvaux, der 1112 dem Orden beitrat, errangen die Zisterzienser ihre herausragende Stellung und weite Verbreitung.

1098 gründete der Benediktiner Robert von Molesme in einem abgelegenen Tal südlich von Dijon das Kloster Cîteaux (deutsch: Zisterze), das den Zisterziensern ihren Namen geben sollte. Das Neukloster - wie Cîteaux in der Anfangszeit genannt wurde - steht damit in einer Reihe von Reformbewegungen, die seit dem 10. Jahrhundert die Mönche aus ihrer Verstrickung in weltliche Aufgaben befreien und das Eigenkirchenrecht - die uneingeschränkte Verfügungsgewalt des Feudalherrn über die Kirchen seines Territoriums - abschaffen wollten. Bedeutendstes Reformkloster vor Cîteaux war Cluny in Burgund, das 910 gegründet wurde, doch um 1100 so weit von den ursprünglichen Zielen entfernt war, daß eine ‚Reform der Reform' anstand. Diese Aufgabe nahmen die Äbte von Cîteaux in Angriff.

Die Klostergemeinschaft in Cîteaux wurde 1119 von Papst Calixtus II. als Orden bestätigt. Dazu hatte der dritte Abt Stephan Harding die *Charta Caritatis* (Schrift der brüderlichen Liebe), das ‚Grundgesetz' zur äußeren Organisation des neuen Ordens geschrieben. Eckpunkte der neuen Observanz sind:

- die religiös verankerte Agrarwirtschaft und Bodenkultur
- die Aufnahme von Konversen (Laienbrüdern) in die Klosterfamilie; sie unterstützten die Mönche bei der körperlichen Arbeit
- das Filiationssystem, d.h. die Abhängigkeit einer Tochter- von der Mutterabtei.

Maulbronn gehörte, wie die meisten deutschen Zisterzienserklöster, zur Filiation (Gründungslinie) von Morimond.

„Die Konversen sind unverzichtbare Helfer" (Statut von 1134), Zeichnung Kloster Schönau, 16. Jahrhundert, Germ. Nationalmuseum, Nürnberg

Bernhard von Clairvaux (um 1090-1153)

Der Zisterzienser-Orden verdankt Bernhard von Clairvaux zwar nicht seine Gründung, doch seine rasche Ausbreitung und Vorrangstellung im 12. Jahrhundert. Unter seiner Leitung gründete Clairvaux allein 68 Tochterabteien. Er war Ratgeber von Päpsten und Königen, wirkte weit über die Klostersphäre hinaus in kirchlichen und weltlichen Belangen. Nach ihm wird das 2. Viertel des 12. Jahrhunderts ‚Bernhardinisches Zeitalter' genannt.

Bernhard stammt aus burgundischer Adelsfamilie und trat 1112 in das junge Reformkloster Cîteaux ein. Bereits drei Jahre später wurde er als Abt mit 12 Mönchen zur Gründung von Clairvaux ausgesandt, dem er bis zu seinem Tod als Abt vorstand. Trotz seiner angegriffenen Gesundheit war er rastlos tätig. Seine spannungsreiche Persönlichkeit konnte gewinnende Güte und Zartheit, aber auch Heftigkeit und Unduldsamkeit zeigen. Tiefe Demut verband sich mit Machtsinn und einem hinreißendem Redetalent. Aufgrund seiner Beredsamkeit wird er seit dem 15. Jahrhundert *Doctor melifluus*, honigfließender Lehrer, genannt.

In einem seiner Briefe schreibt er: *„Meine abscheuliche Lebensführung und mein beunruhigtes Gewissen schreien zu Euch. Denn ich bin gleichsam die Chimäre meines Jahrhunderts. Ich lebe weder das Leben eines Mönchs, noch das eines Laien. Dem klösterlichen Lebensstand habe ich schon längst entsagt, aber nicht dem Gewand." (Brief 250,4)*

Seine Schriften, Predigten und zahlreichen Briefe standen bis weit ins Mittelalter hinein in hohem Ansehen. Berühmt ist seine Auseinandersetzung mit Petrus Venerabilis, dem Abt von Cluny. Seine Marien- und Christusverehrung beeinflußten spätmittelalterliche Mystiker wie Meister Eckhard (um 1260-1327) oder Johannes Tauler (um 1300-1361). Mit aller Schärfe bekämpfte er die Scholastik eines Abaelard, der Glaubensfragen intellektuell lösen wollte.

Im Auftrag Papst Eugens III., seinem Schüler, rief er zum 2. Kreuzzug (1147-1149) auf und konnte den französischen König Ludwig VII. wie auch den deutschen König Konrad III., und damit deren Fürsten und Völker, zur Teilnahme gewinnen. Der Kreuzzug selbst endete in einer Katastrophe.

Bernhard wurde bereits 1174 durch Papst Alexander III. heiliggesprochen.

‚Amplexus', Oberrhein, 17. Jh., Baden-Baden, Cistercienserinnen-Abtei Lichtenthal

Die Tafel zeigt die Vision Bernhards, wie der gekreuzigte Christus sich zu dem Heiligen hinabbeugt und ihn umarmt (Amplexus). Der Engel mit Mitra verweist auf die von ihm dreimal abgelehnte Bischofswürde.

Das Leben im Kloster

Das Leben der Zisterziensermönche war bestimmt durch die Grunddevise Benedikts des *ora et labora* (bete und arbeite), d.h. von zahlreichen Gottesdiensten und körperlicher Arbeit. Acht Mal am Tag, insgesamt bis zu 7 Stunden, wurden die Zisterzienser in die Kirche zu Gebet, Gesang und Lesung gerufen. Um 1 Uhr (im Winter um 2 Uhr) nachts begann der Tag mit der ersten Andacht und endete um 20 Uhr (im Winter um 17 Uhr) mit dem Abendgottesdienst und anschließender Bettruhe. Für die auf dem Feld arbeitenden Mönche und die Laienbrüder waren die Gebetszeiten eingeschränkt.

Nach der Prim, der ersten Stunde des Tages mit Hochamt im Chor, versammelten sich die Mönche im Kapitelsaal, dem zweitwichtigsten Raum im Kloster nach der Kirche. Dort hörten sie täglich ein Kapitel aus der Ordensregel, nahmen die Weisungen des Abtes entgegen und ahndeten Verfehlungen, z. B. mit Geißelungen.

In den Zwischenzeiten wurde entweder auf dem Feld oder im Kloster, etwa in der Schreibstube, gearbeitet. Studium und Wissenschaft spielten erst mit der Konkurrenz der Bettelorden, die eigene Studienhäuser besaßen, ein Rolle: 1245 gründete der Zisterzienser-Orden ein Studienhaus in Paris, dem weitere Häuser in Krakau, Prag , Heidelberg u.a. folgten. Als Konsequenz daraus richteten die Klöster eigene Bibliotheken ein; für Maulbronn ist eine solche erst für das 15. Jahrhundert dokumentiert.

In der Frühzeit des Ordens waren Verköstigung und Unterkunft der Zisterzienser karg. Im Sommer nahmen sie zwei Mahlzeiten zu sich, im Winter bei verkürztem Tagesablauf nur eine. Grundlage der klösterlichen Ernährung im Mittelalter war das Brot: Jeder Mönch erhielt täglich ein Pfund zugewiesen. Fleisch war verboten, nur die Kranken waren ausgenommen; der Regel nach sollte Fisch, Gemüse, Getreide und Obst gegessen werden. Im Laufe der Zeit wurde die Vorschrift jedoch nicht mehr strikt eingehalten. Auch die Zisterzienser kannten die sog. ‚Pitanzen', das sind Zusatzgerichte wie Fleischspeisen, Weißbrot oder Käse.

Andreas Kieser, Kloster Maulbronn, Forstlagerbuch, 1684, Hauptstaatsarchiv Stuttgart

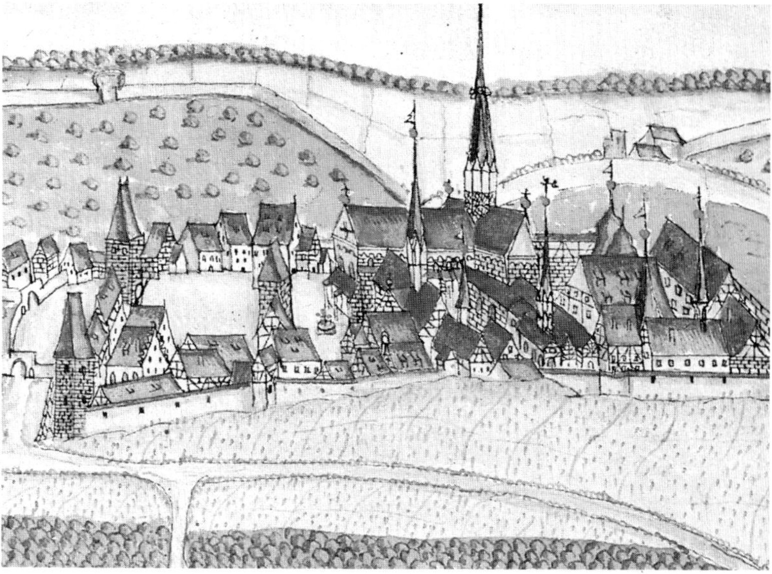

Die Mönche schliefen angekleidet und beschuht im gemeinsamen Schlafsaal, dem Dormitorium. Nur der Abt hatte seine eigene Schlafstätte im Abtshaus.

Die Benedikts-Regel schreibt strenges Schweigen für den Aufenthalt in der Kirche, im Dormitorium (Schlafsaal) und im Refektorium (Speisesaal) vor.

Erlaubt war allerdings, sich durch Zeichen zu verständigen. Aus Zisterzienserklöstern sind Zeichenlisten in Latein und der jeweiligen Volkssprache überliefert. In der Neuzeit ist die zisterziensische Zeichensprache von den Trappisten, einem Reformzweig der Zisterzienser, bis ins 20. Jahrhundert weitergepflegt worden.

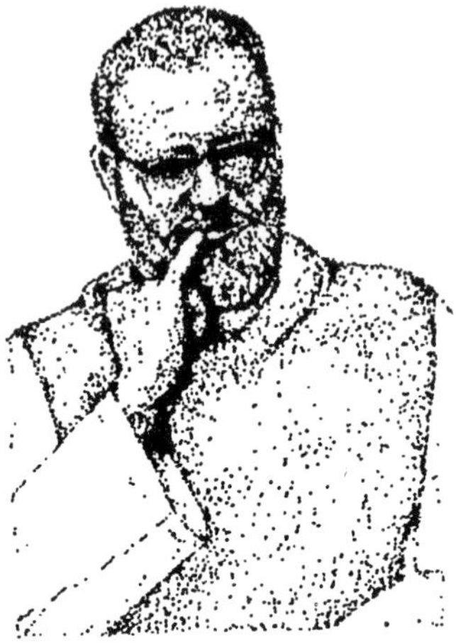

„Kind":
Lege die Kuppe des rechten kleinen Fingers zwischen die Lippen und bewege sie mehrmals.

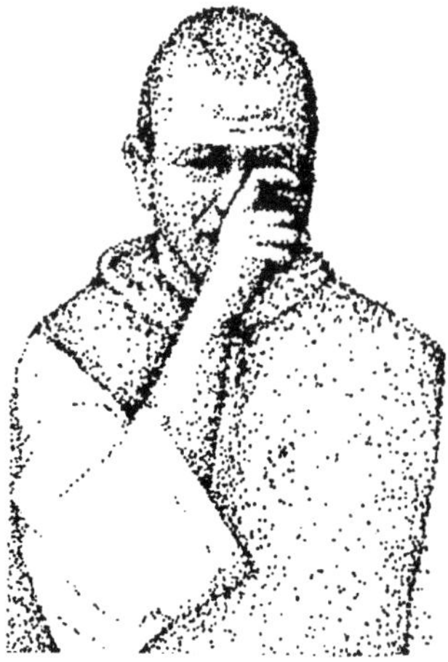

„Tier":
Setze das Mittelglied des rechten Zeigefingers an die Nasenspitze und bewege den gekrümmten Finger auf und ab.

„Morgen":
Setze die Kuppe des rechten Zeigefingers an das untere Lid des rechten Auges.

„schön":
Halte die rechte Handfläche vor das Gesicht; der rechte Ellbogen bildet dabei einen rechten Winkel zur Körperseite.

Die Klosterfamilie

Der Klosterfamilie des Zisterzienser-Ordens gehörten Mönche und Laienbrüder (Konversen) an. 12 Mönche und ein Abt - so die Zisterzienser-Regel - bilden eine Klostergemeinschaft. Aus der Versammlung der stimmberechtigten Mönche, dem Konvent, wurde der Abt gewählt und die weiteren Ämter wie Prior, Kellermeister oder Bursar vergeben. Die Konversen waren nicht stimmberechtigt.

Die Mönche leben - so das Ideal - weltabgewandt und in Armut das *ora et labora* (bete und arbeite). Nach einem dreijährigen Noviziat, einer Art Probezeit, legen sie die Profeß ab, mit der sie sich zu

- Ortsgebundenheit *(stabilitas loci)*
- Gehorsam *(oboedientia)*
- sittenreinem Leben *(conversio morum)*

verpflichten. Im Unterschied zu den späteren Bettelorden betrieben die Zisterzienser keine Seelsorge, was sich auch in ihren nur für Mönche und Konversen eingerichteten Kirchenbauten niederschlug.

Zisterziensermönche mit Abt im Kapitelsaal, Miniatur von Jean Fouquet (1420-81), ‚Heures d' Etienne Chevalier', fol. 36, Chantilly, Musée Condé

Die Konversen trugen ein braunes Gewand mit Kapuze und Gürtel und ließen sich einen Bart wachsen, weshalb sie auch barbati, *Bärtlinge, genannt wurden. Sie arbeiteten auf dem Feld, als Schuster, Schmied oder Müller, waren aber auch als Leiter der Guts- und Stadthöfe oder als Unterhändler tätig.*

Die Konversen sind keine Mönche, sondern Laienbrüder. Sie mußten ein einjähriges Noviziat mit Profeß absolvieren, doch waren die religiösen Übungen für sie eingeschränkt, die Essens- und Fastenvorschriften gemildert. Sie lebten, beteten und aßen in einem von den Mönchen getrennten Bereich im Kloster. Lesen und Latein lernen war ihnen satzungsgemäß verboten, sie konnten nicht in den Rang von Mönchen ‚aufsteigen'. Die Konversen, die sich aus allen sozialen Schichten rekrutierten, waren *„unverzichtbare Helfer"* (Statut von 1134): Ihre verschiedenen beruflichen Fertigkeiten sicherten die Existenz des Konvents mit seinen liturgischen Aufgaben, aber auch das wirtschaftliche Überleben des Klosters. In den Anfangszeiten des Orden überwog die Zahl der Konversen weit die der Mönche, doch versiegte der Zustrom im 14. Jahrhundert.

Bauregeln der Zisterzienser

Das Zisterzienser-Ideal von Abgeschiedenheit und Armut beeinflußte auch die Lage und den Bau ihrer Kirchen, die eigene Mönche und Laienbrüder planten und errichteten. In der Anfangszeit des Ordens wurde auf Repräsentationsformen wie steinerne Kirchtürme, aufwendige Westfassaden oder farbige Fenster verzichtet. Trotz lokaler Einflüsse waren die frühen Kirchen recht einheitlich im Aussehen.

„Keines unserer Klöster ist in Städten, Kastellen oder Dörfern zu errichten, sondern an entlegenen Orten, fern vom Verkehr der Menschen“ (Statut von 1134).

Während die Benediktiner meist auf Anhöhen siedelten, lagen die Zisterzienserklöster in abgeschiedenen Flußtälern, deren Wasser zur Be- und Entwässerung, zum Betreiben von Mühlen oder zur Anlage von Fischteichen genutzt wurde.

„Wir verbieten, daß in unseren Kirchen oder in irgendwelchen Räumen des Klosters Bilder und Skulpturen sind... Wir haben jedoch bemalte Kreuze aus Holz... Die Glasfenster sollen weiß und ohne Kreuze und Bilder sein“ (Statut von 1134).

Trotz häufiger Abmahnungen durch das Generalkapitel in Cîteaux ließen sich viele dieser Vorschriften seit der Mitte des 12. Jhs. nicht mehr durchsetzen. Die reich gewordenen Abteien entwickelten eine heftige Bautätigkeit, die Kritik auch aus den eigenen Reihen hervorrief: *„Wir können schwerlich mehr als 'Arme Christi' gelten, wenn wir soviel Aufwand mit den Gebäuden machen“* (Prior Helinand von Froidmont, um 1200).

„Im Kreuzgang bei den lesenden Brüdern, was machen dort jene lächerlichen Monstrositäten, die unglaublich entstellte Schönheit und formvollendete Häßlichkeit? Was sollen dort wilde Löwen? Was monströse Zentauren? Was Halbmenschen?... Man liest eher in den gemeißelten als in den geschriebenen Werken... Wenn man sich der Albernheiten noch nicht schämt, warum gereuen dann nicht die Kosten?“ (Bernhard von Clairvaux, Apologia ad Guillelmum, 123/25)

Die wichtigsten Merkmale früher Zisterzienserkirchen sind:

1. der Dachreiter, der die Höhe eines Kirchturms erreichen konnte

2. der sog. ‚bernhardinische Chor' mit platt schließenden Altarraum und Querhauskapellen

3. Wandvorlagen, die weit oberhalb des Fußbodens abgekragt sind, was zunächst durch den Einbau des Chores bedingt war

4. die strikte Trennung von Mönchen und Konversen (Laienbrüdern) durch eine Chorschranke und jeweils eigene Eingänge in die Kirche (vgl. Abb. S. 7 oben)

Eigenwirtschaft als Ideal

„Die Mönche unseres Ordens müssen von ihrer Hände Arbeit, von Ackerbau und Viehzucht leben, daher dürfen wir zum eigenen Gebrauch besitzen Gewässer, Wälder, Weinberge, Wiesen, Ackerland abseits von den Siedlungen der Weltleute sowie Tiere…“ (Statut von 1119).

Die Erwirtschaftung des Lebensunterhalts durch eigene Feld- und Handarbeit war eine grundlegende Neuerung der Zisterzienser gegenüber den Benediktinern und Cluniazensern, die bereits geistlich-liturgische Dienste als *labor* (Arbeit) interpretierten. Die Handarbeit sollte das Kloster zudem von weltlichen Einrichtungen unabhängig machen und es mit Nahrung und allem zum klösterlichen Lebensunterhalt Notwendigen versorgen.

„Kirche, Altäre, Begräbnisse, Zehnten aus fremder Arbeit und Nahrung, Dörfer, Hörige, Bezüge von Ländereien, Bankhäusern, Mühlen oder ähnlichem … verwehrt unser Name und die Verfassung des Ordens“ (Statut von 1119). Dieses von den Ordensgründern vorgesehene Wirtschaftsmodell der bedingungslosen Selbstversorgung blieb nicht unverändert. Mit dem Aufblühen der Städte und der sich durchsetzenden Geldwirtschaft bahnte sich bereits im 12. Jahrhundert ein Wandel in Richtung Zins- und Rentenwirtschaft an.

Ofenkacheln von Daniel Meyer, 1733, ehem. Zisterzienserkloster Salem, Sommerrefektorium

Mit ihren landwirtschaftlichen Betrieben erzielten die Zisterzienser bald Produktionsüberschüsse, die sie auf städtischen Märkten absetzten. Viele Klöster wurden reich, die schlichte Lebensführung verwässerte, so daß der Zisterzienser-Prior Cäsar von Heisterbach (gest. 1240) seinen Mitbrüdern rücksichtsloses Gewinnstreben und Habgier vorwerfen konnte: *„monachi avari sunt, mercatores sunt…“*.

Die systematisierte Wirtschaftsverwaltung der Zisterzienser genoß im Mittelalter einen hervorragenden Ruf.

Zisterziensische ‚Fachleute' wurden immer wieder von Weltlichen zur Sanierung ihrer Wirtschaft angefordert. So beauftragte z.B. Rainald von Dassel, Kölner Erzbischof (1159-1167) und Kanzler Kaiser Friedrich Barbarossas, Laienbrüder aus den Klöstern Altenberg und Kamp mit der Ordnung seiner eigenen Finanzen.

Klosterbesitz

(siehe Karte auf vorderer Umschlagklappe)

Die Grundlage der wirtschaftlichen Tätigkeit Kloster Maulbronns bildeten geschenkte, später auch käuflich erworbene Ländereien. Neben Grund und Boden umfaßte der Maulbronner Klosterbesitz Grangien und Pachthöfe, Pfleg- und Stadthöfe sowie Mühlen, Herrschaftsrechte an Dörfern und Kirchenpatronate.

Zum Gründungsgut Maulbronns gehörten um 1150 bereits 14 1/2 Hufen (ca. 150 ha), die etwa zur Hälfte vom Speyerer Bischof (7 Hufen) und von Weltlichen gestiftet waren.

Da Maulbronn in altbesiedeltem Land lag, waren seine Güter anfangs weit verstreut. Durch zielstrebige Tausch- und Kaufgeschäfte gelang es dem Kloster jedoch, seinen Besitz zu konzentrieren und arrondieren. Mit kluger Güterpolitik konnte sich Maulbronn - ähnlich wie Kloster Salem - zum reichen Großgrundbesitzer entwickeln. Im 15. Jahrhundert stand es auf dem Höhepunkt seiner wirtschaftlichen Macht und seines Ansehens, wie die hohen Beiträge bezeugen, die Maulbronn um 1450 in den Ordensfonds der Zisterzienser zahlte. Als sich Herzog Ulrich 1534/36 des Maulbronner Klosters bemächtigte, war der umfangreiche Klosterbesitz in 7 Klosterämtern, sog. Pflegen, organisiert. Der Forstbesitz an mindestens 25 Orten belief sich auf über 10 000 Morgen (ca. 3100 ha).

Mit der Verpachtung, dem Zehntbetrag und der Ausübung herrschaftlicher Rechte stand Kloster Maulbronn wie auch die anderen Zisterzienserklöster im Gegensatz zu den Zielen der Ordensgründer.

Der Besitz Kloster Maulbronns konzentrierte sich auf drei Gebiete:

1. die nähere Klosterumgebung
2. rechts- und linksrheinisch im Umkreis von Speyer
3. das Gebiet um Unteröwisheim, der halben Wegstrecke nach Speyer.

Mönche bei der Feldarbeit, unbekannter Stecher, Anfang 18. Jahrhundert

Der Elfinger Hof unmittelbar westlich von Maulbronn, gezeichnet von Andreas Kieser, 1684 (Detail, Hauptstaatsarchiv Stuttgart). Leicht befestigte Grangie mit Kapelle an der Stelle eines abgesiedelten Dorfes.

Der Scheuelberger Hof nordöstlich von Maulbronn, nach Andreas Kieser, 1684 (Detail, Hauptstaatsarchiv Stuttgart). Einstige auf Weinbau spezialisierte Grangie mit kleinem geschlossenen Areal.

„Zur Bewirtschaftung können wir nahe oder fern vom Kloster Höfe haben, die von Konversen beaufsichtigt und verwaltet werden." (Statut von 1134)

Grangien

Grangien (von lat. *granum* Korn) sind landwirtschaftliche Großbetriebe im klösterlichen Eigenbau und wurden von Laienbrüdern (Konversen), ab dem 14. Jahrhundert zunehmend auch von Lohnarbeitern bewirtschaftet. Sie waren von einer Mauer oder einem Flechtzaun zum Schutz vor der Außenwelt umgeben und besaßen neben Wohnhäusern, Scheunen und Stallungen eine Kapelle, denn die Laienbrüder lebten dort nach den - eingeschränkten - Klosterregeln. Die Grangien stellten die Versorgung des Klosters sicher, Überschüsse wurden auf städtischen Märkten abgesetzt. Die Überschußproduktion legte die Grundlage für den Reichtum der Klöster.

Da die Grangien abseits von Siedlungen liegen sollten, kauften die Zisterzienser auch vorhandene Ansiedlungen auf und siedelten die bisher ansässigen Bauern um. Dieses ‚Bauernlegen' ist im Falle Maulbronns für den Elfinger Hof oder für das rechtsrheinische Ketsch bezeugt.

Maulbronn verfügte über ein gut ausgebautes Grangiensystem: 1156 besaß das Kloster 11, um die Mitte des 13. Jahrhunderts bereits 18 Grangien und lag damit an der oberen Grenze der süddeutschen Zisterzienserklöster. Die Maulbronner Höfe in Unteröwisheim und Knittlingen umfaßten rund 500 Morgen Land (ca. 155 ha). Man baute überwiegend Getreide, Wein und Obst an und züchtete Schafe.

Im 14. Jahrhundert geriet das Grangiensystem in eine Krise. Die klösterlichen Arbeitskräfte reichten nicht mehr für eine eigenhändige rentable Bewirtschaftung aus. Daher wurde zunehmend Land verpachtet.

Stadthöfe

Die Stadt- oder Pfleghöfe der Klöster umfassten Wohngebäude, Kapelle, Speicher und Wirtschaftseinrichtungen. Sie dienten als Stapelplätze für Klosterprodukte wie Getreide, Wein oder Salz und waren meist von Abgaben und Steuern befreit; die dort zuständigen Mönche oder Konversen übernahmen den Absatz auf den städtischen Märkten. Zudem boten die Stadthöfe Unterkunft für reisende Angehörige des eigenen Klosters bzw. Ordens; im Notfall dienten sie auch als Zufluchtsstätte für das Kloster.

Die Klosterhöfe konnten mit ihren Kapellen, besonders wenn sie mit Ablässen begabt waren, im Bereich von Stiftungen zu Konkurrenten der Pfarreien oder nach der Reformation zu katholischen Inseln in protestantischem Gebiet werden.

Schlußstein am Portal des ehemaligen Maulbronner Stadthofes in Speyer mit herzoglich-württembergischem Wappen, frühes 18. Jahrhundert

In der Frühzeit der Städte, manchmal bis ins 14. Jahrhundert, spielten die Klöster mit ihren Pfleghöfen eine wichtige Rolle für die Versorgung der Städte. So belieferte der Salemer Hof in Konstanz die Stadt mit Salz oder hatte das fränkische Kloster Heilsbronn in Nürnberg bis 1332 ein ‚Brothaus' - Aufgaben, die später die Städte selbst übernahmen. Als Institution sind die Klosterhöfe spätestens mit der Säkularisation der Klöster verschwunden.

Maulbronn besaß - nach bisheriger Forschung - im Vergleich zu anderen Zisterzen nur wenige Stadthöfe: den bedeutendsten in Speyer, über den offensichtlich der gesamte Handel abgewickelt wurde und einen weiteren in Kirchheim am Neckar; der Hof in Heilbronn wurde im Spätmittelalter wieder aufgegeben, die Häuser in Heidelberg und Stuttgart dienten der politischen Präsenz. In Speyer haben sich Reste des barocken Nachfolgebaus in der Johannesstraße 21 und 22 erhalten.

Stifter und Wohltäter

In Maulbronn sind die beiden Klosterstifter Walther von Lomersheim und Bischof Gunther von Speyer in Bildnisgrabsteinen, Wandmalereien und auf der sog. Stiftertafel auffallend oft, allerdings erst geraume Zeit nach deren Tod dargestellt. Die Wohltäter des Klosters, meist Adelsgeschlechter aus der Umgebung, sind in langen Wappenreihen inschriftlich über den Mittelschiffsarkaden der Klosterkirche bereits um 1300 aufgemalt.

Die Stifterdarstellungen in der Maulbronner Kirche sind weniger Ausschmückung als eine Aufforderung an die Mönche, ihrer Gründer fürbittend zu gedenken; sie gehören also in den liturgischen Zusammenhang der *Memoria*, des Stiftergedenkens, und die im 15. Jahrhundert allgemein einsetzende Rückbesinnung auf die eigene Geschichte.

Die beiden Stifter Walther von Lomersheim und Bischof Gunther von Speyer bringen die Klosterkirche der Muttergottes dar. Stiftertafel, 1450, Öl/Holz, Klostermuseum Maulbronn

Walther von Lomersheim (Todesjahr unbekannt) übergab 1138 sein Erbgut in Eckenweiher bei Mühlacker dem Abt von Neuburg im Elsaß zur Gründung eines zisterziensischen Filialklosters. Er trat dem Kloster als Laienbruder bei und wurde nach seinem Tod als Stifter im Laientrakt der Klosterkirche bestattet.

Bischof Gunther von Speyer (gest. 1161) übergab den Mönchen zwischen 1146 und 1148 den für ein Kloster geeigneteren, wasserreichen Grund und Boden am oberen Salzachtal als freies Eigentum. Er stellte ein Stiftungsgut von 14 1/2 Hufen (ca. 150 ha) zur Verfügung und unterstützte die junge Maulbronner Abtei durch großzügige Schenkungen und Hilfestellungen beim Gütererwerb. Als zweiter Stifter und Geistlicher ist er im Chor der Maulbronner Klosterkirche beigesetzt.

Die Wohltäter förderten das Maulbronner Kloster durch Schenkungen wie Ländereien oder durch Rechte, z. B. an Pfarreien. Als Privileg erhielten sie das Begräbnisrecht im Kloster und sind aus Grabinschriften oft noch faßbar. Die meisten dieser Familien sind heute ausgestorben und leben nur noch in Ortsnamen um Maulbronn wie Dürrmenz, Königsbach oder Sternenfels fort.

Unter den weltlichen Förderern der Zisterzienser ragen die Staufenkaiser hervor. Friedrich II. (1220-50) ließ sich sogar in der Zisterzienserkukulle beisetzen.

Maulbronn um 1500

1504 eroberte der 17jährige Herzog Ulrich (1503-19 und 1534-1550) als Bundesgenosse Kaiser Maximilians im Bayrisch-pfälzischen Erbfolgekrieg das Kloster Maulbronn. Der Kaiser erkannte daraufhin ihm und seinen Nachkommen das *„Gotshaws Maulbrunnen mit seinen eroberten [60] Dörffern mit dem Schirm und der weltlichen Oberkait, Hohen und niedern Gerichten auf ewige Zeiten“* zu. Der Anspruch einer freien Vogtwahl der Zisterzienser-Abtei war damit endgültig erloschen, die Schirmvogtei erblich geworden. Abt, Konvent und Untertanen hatten dem Herzog Gehorsam zu leisten.

Dies bekam der Konvent schnell zu spüren: Den 1509 in Maulbronn gewählten Abt erkannte Ulrich nicht an und ruhte nicht, bis an dessen Stelle ein fügsamerer Mann gewählt worden war.

Mönche küssen dem Papst die Füße, Jenaer Codex, fol. 35r, um 1500, Narodni Muzeum Prag, Knihovna

Reformation

Die Reformation, die 1517 mit Luthers Thesenanschlag begann, führte die entscheidende Wende in der Geschichte Maulbronns herbei: Das Kloster, das zuvor schon in politische Abhängigkeit zum Herzogtum Württemberg geraten war, wurde 1536 aufgehoben. Der Konvent zog sich in das Maulbronn unterstellte Zisterzienserkloster Pairis im Elsaß zurück. Maulbronn wurde 1556 in eine evangelische Klosterschule umgewandelt.

Ab 1534 ließ Herzog Ulrich die Reformation in seinem Land durchführen. Damit schlug auch die Stunde für die ca. 40 württembergischen Klöster als Hochburgen des alten Glaubens. Den Mönchen wurde angeboten, gegen ein jährliches Leibgeding (Pension) von 40 Gulden ihre Klöster zu verlassen und zu heiraten. Die noch verbliebenen Klosterinsassen sollten durch evangelische Lektoren, die man in die Klöster schickte, zum evangelischen Glauben bekehrt werden. Der ansehnliche Klosterbesitz wurde vorläufig vom Herzog vereinahmt.

Ulrich verfügte in seiner ‚Klosterordnung' von 1535 über eine drastische Reduzierung der Chorgebete, die Abschaffung der katholischen Messe und der Beichte als *„ärgster Seelenmarter"*. Fast alle Konvente lehnten die neue Ordnung ab. Herzog Ulrich griff deshalb zu Zwangsmaßnahme, die zur Auflösung der meisten Klöster führte. - In Maulbronn waren nur einzelne Mönche zum neuen Glauben übergetreten; die übrigen flüchteten zunächst nach Speyer und wanderten schließlich nach Pairis im Elsaß.

Der Maulbronner Abt Johannes von Lienzingen bereitete dem Herzog besondere Schwierigkeiten. Er war 1534 vor der Inventierung seines Klosters mit allen Geldern und Wertsachen, mit Lager- und Rechnungsbüchern in seinen Pfleghof nach Speyer entwichen. Die Verwaltung des Klosterguts übernahm ein herzoglicher Beamter. Der Abt starb 1547 in Einsiedeln; der Rumpfkonvent in Pairis wählte den dortigen Prior zum neuen Abt. Nach der Niederlage der evangelischen Fürsten im Schmalkaldischen Krieg 1546/47 mußte der Herzog dem Maulbronner Konvent sein Kloster wieder zurückgeben.

Lucas Cranach d.J., Die falsche und die rechte Kirche, um 1546, Holzschnitt, Dresden, Staatliche Kunstsammlungen, Kupferstichkabinett

Luther in der Kanzel zelebriert das Abendmahl. Mit seiner Rechten verweist er auf den protestantisch schlichten Altartisch, auf dem der Gekreuzigte und darunter das Lamm Gottes mit der Siegesfahne stehen. Mit seiner Linken deutet Luther auf den Höllenschlund, der die von Teufelsgestalten gepiesackte ‚Katholische Kirche' vom Papst bis zum Mönch, verschlingt.

Herzog Christophs ‚Klosterordnung' von 1556

Ausbau und Vollendung der württembergischen Reformation sind das Werk von Herzog Ulrichs Sohn Christoph (1550-68), einem der bedeutendsten Regenten Württembergs. Mit seiner ‚Klosterordnung' von 1556 legte Herzog Christoph den Grund zu einem vorbildlichen Schulwesen, das mit nur geringen Veränderungen bis 1805 gültig blieb. Er hinterließ bei seinem Tod 1568 ein politisch und kirchlich fest gegründetes Herzogtum.

Der ‚Augsburger Religionsfrieden' von 1555 sicherte den Evangelischen die ungehinderte Ausübung ihres Glaubens zu, zugleich erhielten die Landesfürsten jedoch das Recht, die Konfession ihrer Untertanen zu bestimmen (*„cuius regio, eius religio"*). Für Herzog Christoph bildete das Abkommen die rechtliche Grundlage zur Reformierung der Männerklöster. Während Herzog Ulrich deren Aufhebung betrieb, ließ sie sein Sohn in Ausbildungsstätten für künftige evangelische Geistliche umwandeln.

Die ‚Klosterordnung' von 1556 schrieb den Äbten der 13 großen Männerklöster vor, je rund ein Dutzend Schüler und zwei Lehrer, den einen für Theologie, den anderen für die *Artes* (Grammatik, Rhetorik, Dialektik) aufzunehmen und für deren Bedürfnisse zu sorgen. Der Schulbetrieb sollte dem klösterlichen Tagesablauf angepaßt werden, die Schüler mönchsähnliche Kutten tragen. Kloster und Schulbetrieb bestanden anfangs nebeneinander; die katholischen Äbte wurden allmählich durch evangelische Geistliche ersetzt, die den Abts- und Prälatentitel trugen.

Die evangelischen Klosterschulen, eine zweite Schulart neben den Lateinschulen in den Städten, dienten dazu, den Theologennachwuchs heranzubilden. Dadurch gelang es bis zum Dreißigjährigen Krieg, Pfarrer für viele evangelische Gebiete, auch außerhalb Württembergs, zu stellen. Mit der Neuregelung des Schulwesens verfolgte Herzog Christoph das ehrgeizige und zukunftsweisende Ziel der allgemeinen Schulbildung.

Der württembergische Herzog Christoph (1550-1568)

Die Zahl von 13 verhältnismäßig kleinen Klosterschulen, deren Besuch unentgeltlich war, erschien Christophs Nachfolgern unwirtschaftlich. 1583 wurde ihre Zahl auf 10, 1599 auf 5 reduziert. Nach Kriegszerstörungen bestanden ab 1713 nur noch 4 Klosterschulen.

„Denn was sind Stifte und Klöster anderes gewesen denn christliche Schulen, darin man lehret Schrift und Zucht nach christlicher Weise..." (Martin Luther, An den christlichen Adel deutscher Nation, 1520)

Evangelisch-theologisches Seminar

1805 wurde die landständische Verfassung in Württemberg aufgehoben, das von Herzog Christoph geschaffene Kirchengut mit der Rentkammer vereinigt. Der Staat übernahm auf die Dauer alle Verbindlichkeiten für Kirche und Schule. Die Schulen hießen von nun an Niedere evangelisch-theologische Seminare und wurden zunächst auf zwei reduziert, 1817/18 wiederum auf vier erhöht.
Gleichzeitig verschwanden viele am klösterlichen Leben orientierte Bestimmungen, so z. B. die langen Kutten der Schüler oder die Chorandachten, die zuvor mehrmals täglich abgehalten wurden.

Die einzelnen Jahrgänge, die sog. Promotionen, begannen abwechselnd in Schöntal und Maulbronn und gingen von Schöntal nach Urach, von Maulbronn nach Blaubeuren.

Mit der Trennung von Staat und Kirche änderte sich die Rechtsgrundlage der Seminare. Nach der heute noch gültigen Vereinbarung von 1928 zwischen Württemberg und der Landeskirche wurden die Seminare staatliche Schulen mit kirchlichem Heim. Träger der gesamten Einrichtungen ist seither die Evangelische Seminarstiftung, in der Kirche und Staat vertreten sind.

1941 beschlagnahmte der NS-Staat alle vier Seminare und richtete in den Gebäuden Heimschulen ein. Der Seminarbetrieb konnte erst wieder 1945/46 eröffnet werden.

Der Rückgang der Schülerzahlen und die Erfordernisse der Oberstufenreform führten 1974 bzw. 1977 zur Schließung der Seminare in Schöntal und Urach. Seit dieser Reform sind in den verbliebenen zwei Seminarschulen Maulbronn und Blaubeuren auch Mädchen zugelassen.

G. Theuerkauf, Die theologischen Bildungsstätten in Württemberg, Holzstich, um 1850
Oben, von links nach rechts: Urach, Klosterkirche Blaubeuren, Blaubeuren
Mitte: Tübingen
Unten, von links nach rechts: Maulbronn, Stift in Tübingen, Schöntal

Prälat und Professoren

Den Klosterschulen standen evangelische Äbte (Prälaten) vor, die ein festes Gehalt bezogen. Wegen ihrer zahlreichen auswärtigen Geschäfte, wie z. B. im Landtag, mußten sie als Lehrer oft vertreten werden. Der Prälat von Maulbronn war darüberhinaus auch Generalsuperintendent der evangelischen Landeskirche.

Dem Prälaten standen zwei Präzeptoren als die eigentlichen Lehrer zur Seite. Nach Abschaffung des Prälatenamtes 1805 erteilten der nun Ephorus genannte Seminarleiter, zwei Professoren und zwei ‚Repetenten' - alle stets Theologen - den Unterricht.
Die Repetenten, meist Studienabgänger und daher jugendlich, mußten in der Regel den ‚fachfremden' Unterricht in Deutsch, Französisch und den Naturwissenschaften erteilen; außerdem betreuten sie die Seminaristen außerhalb des Unterrichts.

Erst im 18. Jahrhundert wurden Berufsmusiker zur Ausbildung der Zöglinge in Instrumental- und Vokalmusik angestellt.

Unter den Maulbronner Prälaten und Professoren finden sich die besten Namen altwürttembergischer Theologenfamilien, wie die Binder, Osiander, Volz, Zeller oder Harpprecht, aber auch berühmte Gelehrte und Forscher wie der Theologe und Orientalist Eberhard Nestle (1851-1913) oder der Philosoph Friedrich Theodor Vischer (1807-1887).

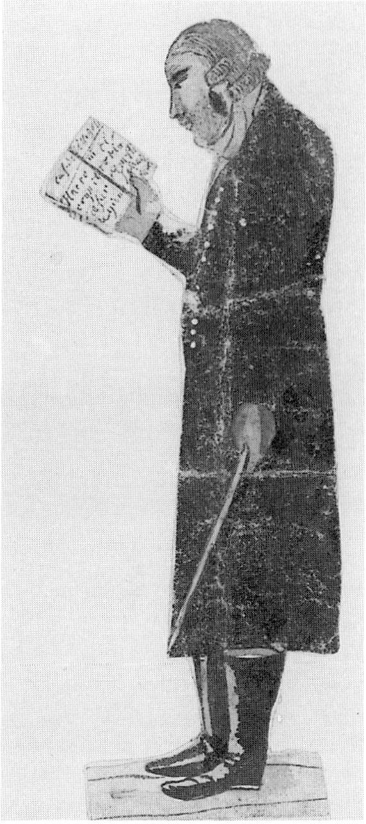

Professor, von einem Maulbronner Seminaristen gezeichnet, undat. (zwischen 1830 und 1850)

Schüler

Bildnis eines Klosterschülers (?), Papierfund aus Kloster Alpirsbach, 16. (?) Jahrhundert

Die Zöglinge rekrutierten sich zunächst aus *„unvermöglichen"* Familien Württembergs. Doch wurden die begehrten Freiplätze bald von ‚Honoratiorensöhnen' beansprucht, Bauern- und Handwerkssöhne waren nahezu ausgeschlossen - eine Einschränkung, die sich erst im 19. Jahrhundert lockerte. Die *Alumni* erhielten ein Stipendium, zu dem eine Prüfung, das sog. Landexamen, den Zugang eröffnete. Das Stipendium umfaßte Unterkunft mit Verpflegung, Bücher, später auch Bekleidung, Lichter, Schmer (zum Schuhputzen) und Reisegeld für die Ferien.

Bei Schuleintritt verpflichtete sich der 12-14jährige Schüler, seine Studien künftig allein auf die Theologie zu richten und in den württembergischen Kirchendienst zu treten. Die Zöglinge blieben in der Regel 1-3 Jahre im Kloster, bis sie zur Aufnahme ins Tübinger Stift für fähig befunden wurden. Im 19. Jahrhundert wollten allerdings längst nicht mehr alle Seminaristen Theologie studieren. Von den Jahrgängen 1896-98 waren es z. B. nur 18 von 40 Schülern.

Die Schüler trugen alle die gleiche, klösterliche Kleidung: ein Barett, einen Rock, *„zum Hineinwachsen bis zur halben Wadenlänge reichend"*, Hosen und ein Wams. Die Kleidungsstücke waren aus schwarzem Tuch gefertigt. Diese klösterlichen Kutten wurden erst 1807 abgeschafft.

Unterricht

Unterrichtsplan für höhere Klosterschulen ab 1582

Uhr	Montag	Dienstag	Mittwoch	Donnerstag	Freitag	Samstag
5 - 6			Morgenandacht und Morgensuppe			
6 - 7			Dialektik			
7 - 8						
8 - 9			Rhetorik			
9 -10			Chorandacht und Religion			
10 -11			Mittagessen und Musikübung			
11 -12						
12 -13	Vergil			Astronomie	Vergil	Astronomie
13 -14	Cicero (Rhetorik)		frei		Cicero	Arithmetik oder Musiktheorie
14 -15			„Unterbrot" (Zwischenmahlzeit)			
15 -16	Griech. Grammatik und Lektüre		frei		Griech.	frei
ab 16 Uhr Chorandacht, Abendessen, *„Lucubratio"* (Abendstudium), Abendandacht						

Nach der Klosterordnung von 1556 war der Unterricht der Alumnen mit fünf täglichen Gottesdiensten noch ganz dem klösterlichen Tagesablauf angepaßt. Nachdem jedoch die alten Konventualen ausgestorben, die katholischen Äbte durch evangelische ersetzt waren, wurden die Chorandachten reduziert und der Unterricht auf 30 Wochenstunden ausgeweitet.

Unterrichtssprache war Latein. Neben dem Religionsunterricht waren Grammatik, Rhetorik und Dialektik zunächst die einzigen Fächer, später wurden sie durch Griechisch, Astronomie und Arithmetik ergänzt. Fächer wie Geschichte, Geographie und Naturkunde wurden bis zur ‚Aufklärung' nicht unterrichtet, Theaterspiel als zu weltlich abgelehnt.

Ab 1807 wurde der Lehrplan allmählich dem der württembergischen Gymnasien angeglichen.

Federzeichnung eines Seminaristen, undat. (zwischen 1830 und 1850)

Delikte und ihre Bestrafung

Das Leben in mönchischer Klausur und strikte Vorschriften forderten die Zöglinge geradezu auf, diese zu umgehen.

Aus den ‚Carentenbüchern' (Strafbüchern), die auch für die Klosterschule Maulbronn geführt wurden, erfahren wir von den Vergehen der Alumnen: So wurde immer wieder gezecht und gespielt; *„... alsdann sind sie gar ungezogen..., schreien wie ein Hund, vexieren (= ärgern) die Bauern und sitzen auf ihre Pferde...“.*

Leichtere Vergehen wie Schwänzen des Unterrichts oder Tabakrauchen wurden mit Weinentzug (*„caritio“*), der häufigsten Strafe, gesühnt; schwerere Vergehen wie *„Zu- und Volltrinken“* oder Gotteslästerung mit Karzer, verschärft bei Wasser und Brot, bestraft. Wurde ein Zögling außerhalb der Klosteranlage etwa im Wirtshaus oder gar mit einer weiblichen Person gesehen, konnte die Strafe durch zusätzliche Rutenschläge verschärft werden. Davonlaufen konnte zur Entlassung oder sogar zum Ausschluß führen, wie im Falle Hermann Hesses. Dann konnte der Schüler verpflichtet werden, die für ihn aufgewendeten Kosten zu erstatten.

Speiseordnung

Die erhaltenen Speisepläne zeigen, daß die Klosterschüler gut verköstigt wurden. Warme Mahlzeiten gab es vormittags und abends, zum Frühstück eine Suppe, dazwischen ein „Unterbrot“. Die Mahlzeiten bestanden aus drei Gängen: Suppe, Fleisch und Gemüse oder Gerstenbrei und je einem Quart Wein (0,4 l). Die klösterlichen Fastenzeiten wurden beibehalten, Fleisch dann durch Fisch und Eier ersetzt.

Nach dem Dreißigjährigen Krieg wurde in Maulbronn die tägliche Weinration von täglich zwei auf einen Quart gekürzt. Eine Umfrage von 1753 ergab, daß von 29 Klosterschülern nur drei ihren Wein ganz tranken, sechzehn ihn verkauften, die übrigen zehn ihn jeweils zur Hälfte tranken und verkauften. Abnehmer waren Klosterhandwerker oder der Speisemeister. Auch Herzog Friedrich II. (1797-1816) überzeugte sich *„von welcher über allen Begriff schlechten, ungenießbaren, beinah Ekel erregbaren Qualität der ... abgegebene Wein sei“* und ordnete eine Verbesserung der Qualität an.

Federzeichnung eines Seminaristen, undat. (zwischen 1830 und 1850)

,Maulbronner Köpfe'

„Maulbronn von der Abendseite", links die 1896 abgerissene ,Speisung', Lithographie bei F. G. Schulz, Stuttgart, um 1830

Aus der Maulbronner Kloster- bzw. Seminarschule gingen neben den vielen tüchtigen Seelsorgern eine Reihe herausragender Persönlichkeiten hervor, die aber erstaunlicherweise in nur ganz wenigen Fällen ihre vorgesehene Laufbahn als Pfarrer einschlugen und sich statt dessen in ganz anderen Berufen hervortaten.
Neben den berühmt gewordenen Schülern unterrichteten am Seminar auch namhafte Wissenschaftler, manche jedoch nur ein bis zwei Jahre als Repetenten (Hilfsprofessoren).

Während Friedrich Hölderlin die Lehranstalt als *„Klosterkreuz"* empfand und über die *„wunderlichen Launen"* der Professoren staunte, waren Zöglinge wie Eduard Zeller (1814-1908) *„ganz gern im Seminar"*, auch wenn die Schule *„noch manches Veraltete bewahrte."* Rudolf F.H. Magenau (1767-1846), Hölderlins Freund, charakterisierte die Professoren als *„abgelebte, mit dem Gang der Welt unbekannte und ihr abgestorbene... Männer"*. Doch waren andere Lehrer wie David Fr. Strauß (1808-1874), der später mit seinem Werk *Das Leben Jesu...* 1835 großes Aufsehen und seine Entlassung aus dem Tübinger Stift hervorrief, bei den Seminaristen sehr beliebt.

Der Blick der Erwachsenen, die entweder an das Maulbronner Seminar versetzt worden waren oder das Kloster wieder besuchten, war milder, in der Distanz zu den strammen Fesseln der Klosterdisziplin oft verklärt: Maulbronn war zur *„Zelle des Aufbaus"* (Hesse), zum *„entlegnen, stillen Kloster"* (Hermann Kurz, 1813-1873) oder zur *„Stätte des Friedens"* (Ricarda Huch, 1864-1947) geworden.

Aus der größeren Zahl ,Maulbronner Köpfe' wurden acht berühmte Denker, Dichter oder Wissenschaftler ausgewählt, die stellvertretend für verschiedene Berufe stehen, aber auch das Spektrum vom Klosterschüler und Lehrer bis zum Maulbronn-Liebhaber beleuchten sollen.

Johannes Kepler
Astronom, Mathematiker
* 27.12.1571 in Weil der Stadt
† 15.11.1630 in Regensburg

Johannes Kepler

1586-89 Schüler in Maulbronn, wo er - nach eigener Aussage - *„Hartes erduldet und 1586 vor Sorge fast verzehrt worden"* wäre. Hofastronom am kaiserlichen Hof in Prag nach Tycho Brahes (1546-1601) Tod, dessen Aufzeichnungen Kepler für seine *Rudolphinischen Tafeln* (1627) verwertete. Entdecker der drei Gesetze der Planetenbewegung (1605-18), die dem Kopernikanischen Weltsystem Bestätigung und Anerkennung verschafften.

Karl Friedrich Reinhard
französischer Diplomat
* 2.10.1761 in Schorndorf
† 25.12.1837 in Paris

Karl Friedrich Reinhard

1776-78 Klosterschüler in Maulbronn; seine Schulzeugnisse heben immer wieder seinen *„scharfen Verstand"* und die *„Sanftheit seiner Umgangsformen"* lobend hervor - zwei Eigenschaften, die ihm für seine spätere Diplomatentätigkeit unter Herrschern verschiedenster politischer Färbung hervorragend zustatten kamen. Die glänzende Laufbahn des deutschen Theologen als Gesandter und Außenminister Frankreichs in Hamburg, Kassel, Dresden, Florenz und in der Schweiz brachten ihm zwei Adelstitel (Graf und Pair von Frankreich) ein. Seine Freundschaft mit Goethe, den er 1807 in Karlsbad kennenlernte, ist in einem regen Briefwechsel der Nachwelt erhalten.

Friedrich Hölderlin

1786-88 Klosterschüler in Maulbronn. *„Im Kloster wurd' ich als gefährlich melancholisch ausgesagt"*, berichtet er in einem Brief; im Kreis der Seminaristen hatte er den Spitznamen *„Holz"*. Einige in dieser Zeit entstandene Gedichte bezeugen seine Liebe zu Louise Nast (*„Stella"*), einer Tochter des Maulbronner Klosterverwalters. - Hölderlin sah seine Aufgabe als Dichter darin, in *„dürftiger Zeit"* nach dem Untergang der antiken Welt und dem Verlust der Götter das Göttliche in seinem Werk zu verkünden.

Friedrich Hölderlin
Dichter
** 20.3.1770 in Lauffen am Neckar*
† 7.6.1843 in Tübingen

Caroline Schelling

Die vielseitig gebildete, wegen ihres unkonventionellen Lebens und ihrer intellektuellen Überlegenheit aber auch als *„Madame Luzifer"* angefeindete Caroline starb plötzlich in Maulbronn, als sie und ihr Gemahl F. W. J. Schelling dessen Vater, den Leiter der Maulbronner Klosterschule, besuchten. Die wohl bedeutendste Frau der Frühromantik war 1796-1803 mit August W. Schlegel verheiratet, dessen Haus sie zum Mittelpunkt des gesellschaftlichen und literarischen Lebens in Jena machte; in ihm verkehrten Goethe, Schiller, Fichte, Herder und Wieland, später auch Schelling. - Mit einem Sandstein-Obelisken, heute auf der Südseite der Klosterkirche, setzte Schelling seiner Frau ein Denkmal in Maulbronn.

Caroline Schelling
Schriftstellerin
** 2.9.1763 in Göttingen*
† 7.9.1809 in Maulbronn

Justinus Kerner
Arzt und Dichter
* 18.9.1786 in Ludwigsburg
† 21.2.1862 in Weinsberg

Justinus Kerner

Kerner, dessen Bruder Georg Sekretär von Karl Friedrich Reinhard in Paris war, verbrachte einen Teil seiner Kindheit (1795-99) in Maulbronn. In seinem *Bilderbuch aus meiner Knabenzeit* (1846-49) zeichnet er in farbenfrohen Schilderungen seine Maulbronner Jugendjahre nach. - Kerner gehört zu den bedeutenden Lyrikern der spätromantischen schwäbischen Dichterschule. Als Arzt verfaßte er Schriften über medizinische und okkulte Themen.

Friedrich Theodor Vischer
Philosoph, Schriftsteller
** 30.6.1807 in Ludwigsburg*
† 14.9.1887 in Gmünden

Friedrich Theodor Vischer

Der streitbare, wortgewaltige Philosoph und Ästhetiklehrer unterrichtete 1831-32 als Repetent am Maulbronner Seminar, u.a. *„Declamationsübungen"* und Turnen. Seinen ehem. Schüler, den Dichter Georg Herwegh (1817-1875), stichelte er noch 1841 zur Veröffentlichung von dessen erstem Gedichtband: *„O Tyrannenerschütterer Herwegh,/ Deine Reime vom Zaune nicht zerr' weg!"* - 1858 Veröffentlichung der *Ästhetik oder Wissenschaft des Schönen;* 1862 Parodie auf Goethes Faust *Faust. Der Tragödie dritter Theil...* unter dem Pseudonym Deutobald Symbolizetti Allegoriowitsch Mystifizinsky.

Adolf Mettler

Mettler war nicht nur als Seminarist, sondern auch als Repetent, Professor und von 1913-1918 als Ephorus in Maulbronn. - Die Maulbronner Klosteranlage mit ihrer komplexen Baugeschichte wurde ihm zum Anlaß, sich als ‚Fachfremder' in mittelalterliche Baukunst zu vertiefen. Seine Fragestellung nach den Funktionen der Räumlichkeiten und seine Verknüpfung von Schriftquellen mit Beobachtungen an den Gebäuden selbst erwies sich als äußerst fruchtbar. So sind seine Bauuntersuchungen zu den württembergischen Klosteranlagen der Zisterzienser, der cluniazensischen und hirsauischen Reformbewegung auch heute noch von grundlegendem Interesse.

Adolf Mettler
Ephorus in Maulbronn und Urach
** 15.11.1865 in Gaildorf*
† 25. 1.1938 in Stuttgart

Hermann Hesse

1891 Schüler in Maulbronn; seine Flucht aus dem Kloster im März 1892 (*„Geniereisle"*) beendete indirekt seine Seminarzeit, die jedoch nachhaltige Wirkungen in seinem Werk hinterließ. In dem Roman *Unterm Rad* (1906) schildert Hesse kritisch, in manchen Details wahrheitsgetreu sein Seminarerlebnis und *„die Krise jener Entwicklungsjahre..., weit entfernt vom wirklichen Verstehen und Überwundenhaben"* (Hesse, Kurzgefaßter Lebenslauf). Als Mariabronn lebt das Zisterzienserkloster in *Narziß und Goldmund* (1930) wieder auf. Im *Glasperlenspiel* (1943) schließlich ist Maulbronn in der Ordensprovinz Kastalien zu einem Hort der Harmonie und des reinen Geistes verklärt, dessen Blütezeit aber *„zum Absterben verurteilt ist, wenn es die Fähigkeit zu weiterem Werden und Sichwandeln verliert."* (*Glasperlenspiel*)

Hermann Hesse
Buchhändler (bis 1904), Dichter
** 2.7.1877 in Calw*
† 9.8.1962 in Montagnola/Tessin

Maulbronn im 19. Jahrhundert

Christian Mali (1832-1906), Blick auf ‚Frühmesserhaus', Wagnerei und Schmiede, 1863, Öl/Leinwand, Braith-Mali-Museum, Biberach an der Riß

Zu Beginn des 19. Jahrhunderts diente die Klosteranlage den Zwecken von Gemeinde, Klosterschule und Verwaltung: So wurde im Paradies, der Kirchenvorhalle, Stroh gedroschen, *„das Stroh sodann in der Kirche angehäuft, und dadurch... Hühner und Gänse, ja selbst Schweine in die Kirche gelockt"*. Vor dem Kloster turnten die Seminaristen, nebendran wurde Vieh zur Tränke geführt. Im Herrenrefektorium lagerte Holz für das Seminar. In den Türmen der Wehranlage, im Frühmesserhaus und im Konversengang waren Gefängniszellen untergebracht. Auf dem Laienrefektorium saß ein mehrgeschossiger Fachwerkaufsatz, der das Oberamtsgericht aufnahm.

Die dörfliche Nutzung der Anlage geriet alsbald in Konflikt mit der neuen Wertschätzung mittelalterlicher Bauten und dem daraufhin einsetzenden Kunsttourismus, der einen unbeeinträchtigten Blick auf das mittelalterliche Kloster genießen wollte. Als Folge wurde das Dorf vor die Klostermauern verdrängt und die Klosteranlage selbst durch Rückrestaurierungen oder den Abriß ‚störender' Anbauten ‚verschönert'. Ab 1841 war schließlich die bislang jedermann zugängliche Kirche samt Kreuzgang nur noch für Gottesdienste und Reisende geöffnet.

Es gab aber nicht nur Eingriffe in die überkommene Bausubstanz. Konservatorische Maßnahmen, Bauuntersuchungen und quellenkundliche Forschungen suchten den Bestand zu wahren und näher zu erforschen.

Kunsttourismus

Turnplatz vor dem ‚Paradies', Lithographie von F. F. Wagner nach G. Kübler, um 1845

Mit der Romantik wurde Maulbronn zum Gegenstand zahlreicher, oft verklärender Darstellungen in Malerei und Graphik. Als Reiseziel für Kunstgelehrte und Touristen stellte es neue Ansprüche an den überkommenen Baubestand: Nicht mehr die Belange der Bewohner und Nutzer standen im Vordergrund, sondern ‚Verschönerungsmaßnahmen' sollten dem *„Fremden ... den Anblick gefälliger Cultur statt einer wüsten Stätte gewähren."*

Daher wurde der Turnplatz der Seminaristen, einer der ältesten in Württemberg, vor dem Westtrakt des Klosters entfernt, Schutt und Unrat aus Kirche und Kreuzgang beseitigt und einzelne Klostertrakte nicht länger als Keller oder Werkstätten verpachtet. Auf der Südseite der Kirche fiel ein als Gefängnis genutzter Befestigungsturm und die Sakristei den ‚Verschönerungsmaßnahmen' zum Opfer, auf der Ostseite das Waschhaus; 1852 wurde im Kreuzgarten statt der Gemüsebeete ein Ziergarten angepflanzt.

Anfänge der Denkmalpflege

Das Bild der Klosteranlage ist heute nachhaltig durch gestalterische Eingriffe des 19. und 20. Jahrhunderts geprägt. Die denkmalpflegerischen Maßnahmen reichten vom Erkennen, Bewahren und Dokumentieren des Vorhandenen über Instandsetzungsarbeiten bis hin zu Rückrestaurierungen.

Im 19. Jahrhundert gab es zwei große Instandsetzungsphasen: Zwischen 1840 und 1859 sollten vor allem vorhandene Bauschäden repariert werden, in den 90er Jahren wurde unter dem Postulat der Stilreinheit in den überkommenen Baubestand erheblich eingegriffen.

Um 1840 wurden Maßnahmen zum Schutz vor Feuchte in Kirche und Klausur ergriffen, Dächer und Fußböden ausgebessert und neue Regenrinnen verlegt. Der ‚Rebenthal' genannte Speisesaal der Mönche wurde ausgeräumt, die zugemauerten Fenster geöffnet und der Fußboden auf ein tieferes Niveau gebracht. Bei der Restaurierung von Kreuzgang und Kapitelsaal wurde *„eine nicht unbedeutende Anzahl von zum Theil noch gut erhaltenen Grabsteinen dem Streben nach Verschönerung zum Opfer gebracht"* (Karl Klunzinger, 1856).

Die Eingriffe im Sinne der Rekonstruktion eines vermeintlich mittelalterlichen Originalzustandes nahmen gegen Ende des 19. Jahrhunderts unter dem schöpferisch veranlagten Denkmalpfleger Eduard Paulus d. J. zu. So wurde 1890 der Fachwerkaufbau des Oberamtsgerichts über dem Laienrefektorium abgetragen und statt dessen ein Obergeschoß in romanisierenden Formen errichtet, im darunterliegenden Laienrefektorium wurden die maroden Zwillingssäulen durch neue aus Kalkstein ersetzt. 1896 ließ Paulus das sog. ‚Schlössle', den Giebelaufbau über dem Kalefaktorium, entfernen.

Der Brunnen im Kreuzgang gegenüber dem Herrenrefektorium erhielt seine heutige dreischalige Form erst 1878, als eine frei erfundene Steinschale und eine mittelalterliche Bronzeschale auf das noch vorhandene untere Steinbecken aufgesetzt wurden - nach Adolf Mettlers Urteil (1909) „eine durch übereilte Rekonstruktion entstandene Fälschung des mittelalterlichen Brunnens".

Friedrich Eisenlohr, Kloster Maulbronn, 1856: Brunnenkapelle mit romanischer Brunnenschale, vor der Rekonstruktiuon

Von Eduard Paulus d.J. geplante Rekonstruktion des Brunnens in der Brunnenkapelle mit der Sandsteinschale des Brunnens vom Platz vor dem ehem. Jagdschloss

Ausgeführte Rekonstruktion des Brunnens in der Brunnenkapelle

‚Zisterzienserlandschaft'

Grabensystem Roßweiher-Ast, Hamberggraben

Mit der Anlage von Weihern, Kanälen und eines weitverzweigten Grabensystems nahmen die Maulbronner Mönche prägenden Einfluß auf die Landschaft im Klostergebiet. Aber auch durch Rodungen, die Terrassierung von Weinbergen, den Betrieb von Steinbrüchen oder den Aushub von Mergelgruben oberhalb der Weinberge zum Düngen der Weinreben schufen sie eine Kulturlandschaft, die heute noch wesentlich von ihren Vorgaben geprägt ist.

Die Mönche nutzten nicht nur das Wasser der Salzach, in dessen Tal sie sich um 1147 niedergelassen hatten, sondern erhöhten das Wasseraufkommen des Flüßchens durch aufgefangenes Regen- und Schmelzwasser. Dieses wurde in einem heute noch in Teilen erhaltenen, weitverzweigten Graben- und Kanalsystem für das Netz von rund 20 Teichen gesammelt, ehe es versickern konnte. Die Teiche dienten nicht nur der Trinkwasserversorgung, sondern auch der Fischzucht, denn Fische waren eine der Hauptnahrungsquellen der Zisterziensermönche.

Die Zisterzienser schufen in einem jahrhundertelangen Prozeß eine Kulturlandschaft um Maulbronn, die letztlich in ihrem Streben nach Unabhängigkeit von der Welt und in der strikten Auslegung des „*laborare*" der Benediktsregel religiös begründet ist. Auch in nachklösterlicher Zeit diente das Teich- und Grabensystem als Rückgrat der Bewirtschaftung, bis die Klostergüter mit der Säkularisation im 19. Jahrhundert veräußert wurden.

Mit den stark befestigten Kirchhöfen des Klostergebietes, den zwei Schanzen an der Nordwestgrenze der Gemarkung oder der 1695/96 aufgeworfenen ‚Eppinger Linie' mit Gräben und Erdschanzen hinterließen die Zisterzienser und frühneuzeitlichen Landesherren eine eigene ‚Wehrlandschaft'.

Weiher und Stauseen

Die Zisterzienser legten in Maulbronn ein Netz von etwa 20 Stauseen und Weihern stufenweise übereinander an, die sich vorallem im Tal der Salzach aufreihten, aber auch an den Hängen oder auf der Hochfläche lagen.

Die Weiher dienten

- der Fisch- bzw. Teichwirtschaft
- als Wasserreservoir für niederschlagsarme Zeiten
- als Auffang- und Rückhaltebecken bei hohem Niederschlag.

Während an den talwärts gelegenen Teichen in erster Linie Fischzucht betrieben wurde, nutzte man die Teiche oberhalb des Klosters auch für die Trinkwasserversorgung und Wasserkraftgewinnung. Der Gartensee direkt unterhalb des Klosters bewässerte die umliegenden Klostergärten, Äcker und Wiesen; er wurde um 1800 trockengelegt, die Fläche dient inzwischen als Parkplatz.

Zwei Stauseen unmittelbar oberhalb des Klosters - Tiefer See und Binsensee - sollten die nach Unwettern unberechenbaren Wassermengen regulieren. Vom Binsensee ist heute nur noch der Damm in seinem Fundament erhalten. Der Roßweiher, ein ‚Himmelsteich' ohne natürlichen Zufluß oder Quelle, ist der einzige nicht durch einen Staudamm gebildete See; er liegt in einer natürlichen, von einer wasserundurchlässigen Lößschicht bedeckten Senke. An seinen Ufern wächst das seltene Büchsenkraut.

Gespeist wurden die Seen durch natürliche Wasserläufe, Bächlein und Quellen, und durch das Sammeln von Oberflächenwasser. Dazu legten die Mönche ein weitverzweigtes Netz von Sammel- und Zuleitungsgräben an.

Von den Seen haben sich heute nur drei - Tiefer See, Roßweiher und Aalkistensee - erhalten; die beiden letzteren stehen unter Naturschutz.

Grabensystem Graubrunnen, Durchstich des Hügels an der höchsten Stelle